a raconter

FÉES, PRINCES ET PETITS GÉNIES

NATHAN

Il y a de cela très longtemps, les enfants n'avaient jamais besoin d'aller à l'école. Les fées s'occupaient de leur éducation.
Elles leur apprenaient le calcul, la dictée et la géographie, et cela ne prenait pas beaucoup de temps.
Quelques minutes suffisaient pour transformer un enfant normal en un enfant comme il faut.
Les choses se déroulaient ainsi :

dès qu'un bébé naissait dans une famille, les fées arrivaient en courant. Elles se penchaient sur le berceau et murmuraient à l'oreille du nouveau-né tout ce qui est utile dans la vie :

— Les mots qui se terminent par OU prennent un S au pluriel, sauf : bijou, caillou, chou, genou, hibou, joujou, pou, qui prennent un X.

— Il faut être poli, aimable et prévenant.
— Dire que les grandes personnes ont toujours raison. Attendre qu'elles aient tourné le dos pour leur donner tort.
— Le plus long fleuve du monde est le Nil.
— Deux fois six égalent douze, etc.
Les parents aimaient beaucoup les fées et ils les accueillaient avec grand plaisir. Chaque naissance donnait lieu à une grande fête.

Cependant, il y avait une fée qu'ils n'invitaient jamais. C'était Farcifée, la fée farceuse. Farcifée défaisait en une minute le travail de toutes les autres fées. Si elle approchait un berceau, c'était pour souffler un tas de sottises dans les oreilles du bébé. Elle lui donnait des idées ridicules qui contrariaient les grands projets des familles.

Elle transformait un enfant normal en galopin, en bon à rien, en pas grand-chose. Aussi prenait-on bien garde à ne jamais la laisser entrer dans les maisons. Dès qu'une naissance avait lieu, on fermait portes et fenêtres, on appelait des soldats pour garder les issues, et les fées normales faisaient un rempart autour du berceau de l'enfant.

Il arriva un moment où les enfants furent si bien défendus que Farcifée

n'en trouva plus un seul à qui raconter des sottises. Pour se consoler elle fut obligée d'aller éduquer les animaux. On vit apparaître des moutons sans-gêne, des veaux culottés, des chiens insolents, des chats qui répondaient, des oiseaux qui ne disaient pas merci et des chevaux qui n'attendaient pas leur tour pour parler.

et lui souffla
mille sottises à l'oreille.
Bien sûr, cela fut très rapide.
Des gardes se réveillèrent en sursaut et jetèrent la farceuse dehors. Mais elle avait eu le temps de donner deux ou trois conseils au bébé. Personne n'avait pu entendre ce qu'elle avait dit. Cependant on se doutait que cela devait être terrible. Alors on décida d'enfermer Crécré dans la plus haute

tour du château et de ne le laisser sortir que lorsqu'on aurait entièrement refait son éducation. Le roi et la reine firent appel aux meilleurs maîtres, et aux plus grandes fées. Vers l'âge de douze ans, Crécré était devenu un garçon convenable et l'on pensa qu'il était temps de le présenter dans le monde.

Pour sa première sortie, Crécré revêtit un habit d'or et de pourpre, enluminé d'une pointe de chocolat.
Ce jour-là, au château, il y avait :
le Grand Mogol, l'empereur de Chine, la fille du calife, son Excellence le commandeur et mille autres personnalités de grande importance.
Crécré, souriant, fit une entrée très remarquée et salua tout le monde d'une courbette. Puis il commença un discours très bien tourné à l'adresse de chacun. Mais, lorsqu'il s'avança pour serrer

la main du Grand Mogol,
de son Excellence le commandeur,
de la fille du calife et de l'empereur
de Chine, les courtisans l'entendirent
avec effroi prononcer des paroles
très inconvenantes.
Voici par exemple ce qu'il dit
à la fille du calife :

— Voilà Crécré qu'arrive
avec sa gueule sportive
la chique entre les dents.
C'est ça qu'est dégoûtant.
Et la fille du calife tomba dans
les pommes.
Il s'agrippa ensuite à la barbe
de son Excellence le commandeur
et déclara ceci :

— Plein de puces, plein de poux,
Vieux Gugusse roi d'égout.

Et le commandeur en avala sa barbe. Crécré venait de répéter les sottises que Farcifée lui avait autrefois soufflées à l'oreille. Pétrifiés d'horreur, les courtisans n'osaient plus bouger un doigt. Chacun restait dans sa position, raide comme un piquet, et un silence mortel envahit le château. Certains, qui étaient encore courbés pour saluer, restèrent figés dans leur

courbette. On s'aperçut qu'ils ne pouvaient plus se redresser.
Ils avaient été transformés en pierre. Il fallut les transporter un à un pour débarrasser la salle du château.
Assis sur une fesse, le roi attendait que son fils ait salué tous les invités pour le passer dehors.
Malheureusement, chaque salutation était pire que la précédente : le jeune

garçon récitait un chapelet d'horreurs. De sorte que les gens se pétrifièrent un à un et que bientôt, il n'y eut plus que des statues de pierre dans la salle. Prévenus en hâte, des serviteurs s'employèrent à déménager les statues, mais comme ils étaient curieux, ils se faisaient répéter les horreurs de Crécré « Plein de puces, plein de poux, vieux Gugusse roi d'égout » et pan ! ils étaient à leur tour transformés en pierre.

Des cuisines aux écuries, des chambres aux antichambres, il y avait toujours quelqu'un pour répéter « Plein de puces, plein de poux, vieux Gugusse roi d'égout » et pan ! cuisinière, marmiton, maître queux et gâte-sauce devinrent statues.

C'était terrible.

Appelées en toute hâte, les fées essayaient de remettre tout en ordre avec leur baguette magique.

Quand Crécré déclara :

« Voilà les fées qu'arrivent, avec leur gueule sportive », elles répliquèrent par des formules énergiques comme :

— Parapuce, parapoux, abracadagusse abracadacou.

Mais rien n'y fit. Farcifée était plus forte qu'elles toutes. Alors, de rage, elles cassèrent leurs baguettes magiques et jurèrent qu'elles ne s'occuperaient plus jamais d'enfants.

Là-dessus, elles disparurent, laissant Crécré tout seul dans le château désert, ce qui est très vilain. On ne laisse pas un enfant seul dans un château désert. C'est d'ailleurs à partir de ce jour que les fées n'eurent plus aucun rôle dans l'éducation des enfants et que l'on inventa l'école.

Mais en attendant, Crécré restait tout seul, un peu triste, sans rien manger. Et comme il s'ennuyait, il s'endormit. Farcifée, qui passait par là, constata le désastre. Le château désert, ses habitants changés en pierre...

Elle eut tout de suite une
bonne idée.
Le lendemain, on vit arriver au château
une jolie fillette, toute blonde
et bouclée qu'on appelait Trompettine
parce qu'elle parlait très fort.

Trompettine se pencha sur Crécré et lança quelques gros mots de sa voix tonitruante. On ne peut pas rapporter ici ces gros mots parce qu'ils sont si lourds à porter qu'on les a laissés là-bas. Mais c'était des mots très gros, inventés par Farcifée, et je vous prie de croire qu'ils firent trembler les murs.

Crécré se réveilla en sursaut. Il voulut aussitôt répondre avec sa « gueule sportive » et des histoires de « roi d'égout ». Mais Trompettine en connaissait encore plus long parce que Farcifée avait eu le temps de lui enseigner tout ce qui peut être dit de très, très mal élevé. Et, pan ! à chaque gros mot les statues de pierre se fendillaient. Et, pan ! la pierre s'effritait en morceaux. Et pan ! le roi, la reine, les marmitons et le Grand Mogol apparurent de nouveau, bien

vivants, tout à fait capables de bouger.
Et alors il se produisit un curieux phénomène : comme Trompettine avait épuisé sa liste de gros mots et qu'elle ne trouvait plus rien à dire, Crécré prit la parole d'une voix aimable.

Et voici ce qu'il déclara :
— Tous les mots qui se terminent par OU prennent un S au pluriel, sauf...
— Sauf : bijou, caillou, chou, genou, hibou, joujou et pou,
continua machinalement Trompettine.
— Le plus long fleuve du monde, poursuivit Crécré...
— Est le Nil, reprit Trompettine.
— Dire aux grandes personnes qu'elles ont toujours raison, ajouta Crécré.
— Attendre qu'elles aient tourné le dos pour leur donner tort, conclut Trompettine.
— Deux fois six...
— Douze.
Et tout d'un coup, roi, reine, courtisans, Grand Mogol, commandeur et calife, princes et princesses trouvèrent ces enfants charmants.

Farcifée, qui observait la scène de très haut, entra dans une belle colère. Son beau travail s'était défait tout seul ! De rage, elle cassa sa baguette magique et jura que plus jamais elle ne s'occuperait d'enfants. Ce qui est tant mieux. D'ailleurs, depuis ce jour-là, les enfants n'ont besoin de personne pour apprendre les gros mots. Mais en attendant, Crécré et Trompettine tombèrent amoureux l'un de l'autre et décidèrent de ne plus se quitter. Personne ne sut exactement ce qu'ils se racontèrent derrière le dos des grandes personnes. Tout ce que l'on peut dire, c'est qu'à partir de ce jour ils furent très heureux et que les parents ne s'inquiétèrent plus pour l'éducation de leurs enfants.

Le génie du nénuphar

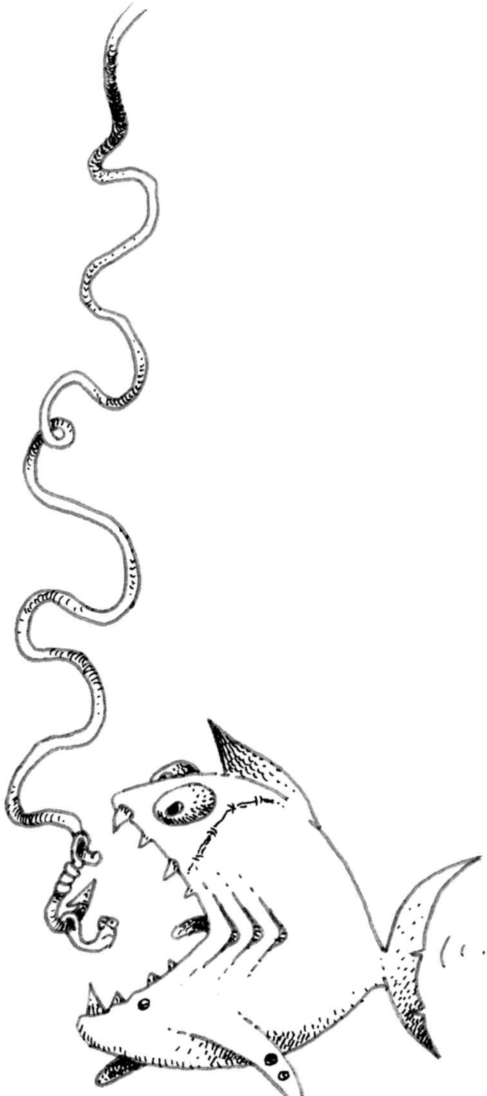

Un jeune pêcheur tomba un jour
dans l'étang des tanches.
Il était occupé à tirer sur sa ligne
et pensait ramener un gros poisson.
Mais son pied glissa
et il se retrouva dans l'eau.
— Bien fait pour lui, ricanèrent
les poissons.
Le pêcheur se débattait comme il le
pouvait. Il ne savait pas nager. Il allait
se noyer. Mais, soudain, une petite
voix résonna à son oreille :
— Alfred, Alfred ! disait la voix,
accroche-toi à ma tige.
Je vais t'aider à faire surface.

C'était un nénuphar qui parlait. Un beau nénuphar blanc avec une fleur énorme. Alfred s'accrocha à la fleur et aussitôt, il fut tiré hors de l'eau. Il ne lui restait plus qu'à se cramponner aux herbes pour se hisser sur la berge. Mais, au moment où il allait quitter l'étang, la petite voix résonna encore :

— Emmène-moi avec toi, Alfred, disait le nénuphar. Tu ne le regretteras pas.

Alors Alfred coupa la fleur.

Ce n'était pas un nunéphar ordinaire. A l'intérieur, il y avait un tout petit bonhomme avec un chapeau pointu qui le salua en faisant une belle courbette.

— Merci Alfred, dit le petit bonhomme. J'étais prisonnier des tanches. Grâce à toi, je suis libre.

Dans l'étang, les tanches étaient très énervées. Le petit bonhomme se fit un plaisir de leur tirer la langue. Puis il dit :

— Alfred, pour que je puisse vivre, il faut que la fleur de nénuphar ne fane jamais. Aussi, je te prie de faire ce que je vais te dire : place la fleur de nénuphar près de ton cœur. Ainsi je vivrai heureux. En échange, je serai ton ami, et tu n'auras pas à te plaindre de moi, surtout si tu écoutes mes conseils. Je donne de très bons conseils...

Alfred fit exactement ce que le petit bonhomme demandait. Et tout de suite, pour le remercier, le petit bonhomme lui donna un conseil :

— Alfred, dit-il, tu ne vas pas passer ta vie à pêcher les tanches de l'étang ! Tu dois voyager, parcourir le vaste monde et faire fortune.

Aussitôt, Alfred suivit le conseil du petit bonhomme. Il se mit en route et fit trois fois le tour de la terre. Premièrement dans un sens.

Deuxièmement dans l'autre, et troisièmement, en travers.
Il arriva ainsi au palais du roi du diamant.

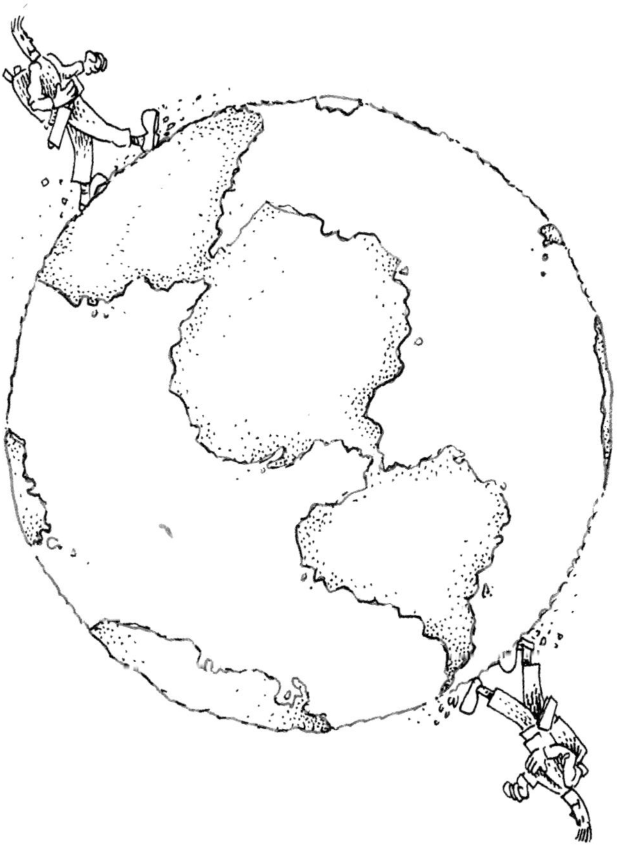

C'était un roi vieux et fatigué qui s'ennuyait beaucoup.
Son seul plaisir était de se promener dans le grand parc où il avait fait aménager des milliers de fontaines et des centaines de jets d'eau.
Il aimait aussi à contempler les milliers de diamants qu'il possédait dans un énorme sac placé sur un chariot que deux hommes poussaient derrière lui.

Au cours de sa promenade, le roi
s'arrêtait, faisait ouvrir le sac,
examinait les diamants, les faisait
ruisseler entre ses doigts, puis
il repartait avec le chariot derrière lui.
Or, un jour, il se produisit
une chose terrible.
Les fontaines et les jets d'eau
cessèrent de couler tout d'un coup,
On ne savait pas pourquoi.

Alfred arriva au château du roi
du diamant à ce moment-là.
Le vieux roi était effondré de tristesse.
Il avait appelé les plus grands
architectes pour leur demander conseil.
Mais personne ne comprenait
pourquoi l'eau avait cessé de couler.
Alors le roi demanda l'avis d'Alfred.
— Et toi, noble étranger, dit-il, sais-tu
pourquoi mes fontaines ont disparu ?

Alfred se gratta la tête en cherchant la réponse. Il se fourra l'index dans le nez, se dandina d'un pied sur l'autre. Et au moment où il allait renoncer à donner son avis, une petite voix lui chuchota :

— Dis au roi qu'un de ses diamants est tombé dans un bassin. Il a bouché un conduit. Il suffit d'ôter le diamant, et l'eau pourra couler de nouveau.

Alfred répéta tout par cœur.
Et aussitôt, on envoya des ouvriers déboucher le conduit.
Ils en retirèrent le diamant le plus gros que le roi possédait.
— Je te remercie mille fois, Alfred, dit le roi. Prends ce diamant en récompense.
Alfred reçut le gros diamant sous les yeux dépités du conseiller du roi.
Ce conseiller, qui s'appelait Filouton, rêvait depuis longtemps d'obtenir un diamant. Et il n'avait jamais réussi.
Aussi était-il très jaloux.
Cependant, le roi devint l'ami d'Alfred.
Il l'installa dans de beaux appartements, tout près de lui.
Et il décida de ne rien faire sans demander conseil au garçon.
A partir de ce jour, Alfred fut traité comme un prince.
Filouton ne l'entendait pas de cette

oreille car, désormais, Alfred lui avait pris sa place.
Il décida d'espionner le garçon.
— Comment un petit bonhomme de rien du tout, comme celui-ci, peut-il être aussi malin ? se demandait Filouton. Il a sûrement un secret. Cherchons bien.

Un soir, alors que Filouton jetait un coup d'œil par le trou de la serrure, dans la chambre d'Alfred, il vit le garçon se déshabiller. Alfred retira sa chemise, et en dessous apparut la fleur de nénuphar qu'il gardait toujours près de son cœur.

— Bonne nuit, dit le garçon au nénuphar. Dors bien, petit bonhomme.

Le petit bonhomme du nénuphar sortit la tête et dit :

— Dors bien toi-même, mon ami.

Là-dessus, Alfred s'étendit, et s'endormit.

Alors Filouton arriva sur la pointe des pieds, saisit la fleur de nénuphar et l'emporta dans sa poche.
Le lendemain matin, quand Alfred se réveilla, il avait perdu son ami.

Quand il rejoignit le roi, pour le petit déjeuner, il le trouva occupé à jouer aux échecs avec un courtisan. Le roi était sur le point de perdre la partie, et il réfléchissait puissamment.

— A votre avis, Alfred, demanda-t-il. que faut-il faire maintenant ?

Alfred conseilla de déplacer la tour, mais comme il n'avait plus le génie pour lui souffler les bonnes réponses, le roi perdit la partie. Et il entra dans une grande colère.

— Tu es un imbécile, Alfred, je te chasse de mon palais !
Filouton ricanait dans son coin, tout content de reprendre la place de son rival.
Malheureusement, Filouton ne savait pas qu'il fallait porter le nénuphar sur son cœur. Et après l'avoir traîné dans sa poche pendant toute une journée, il s'aperçut que la fleur s'était fanée.
Il eut beau demander conseil au petit bonhomme du nénuphar, il n'obtint aucune réponse. Le petit bonhomme s'était desséché en même temps que la fleur.
Furieux, Filouton jeta le nénuphar par la fenêtre.
Au même moment, Alfred s'en allait avec ses bagages. La fleur tomba juste à ses pieds.

Le garçon la ramassa rapidement, et la mit sous sa chemise, à l'endroit où elle avait toujours été. Alors le nénuphar reprit vie, et l'on entendit à nouveau la voix du génie :

— Te revoilà, Alfred, je suis bien content de te retrouver. J'étais malheureux sans toi.

— Et moi sans toi, répondit Alfred.

Là-dessus, le garçon reprit la route. On raconte qu'il fut accueilli dans les plus grands palais, qu'il reçut des cadeaux de roi, et qu'il épousa finalement une princesse. On ne dit pas ce que devint Filouton, mais on pense qu'il a repris sa place auprès du roi du diamant.

Le prince parfait

P

Il y a bien longtemps,
dans un royaume au bord de la mer,
vivait un prince beau,
intelligent, riche et parfumé.
Ce prince savait tout faire : il dansait,
il chantait, jouait du piano et dessinait
à merveille. Il remportait les Coupes
du Monde. Il connaissait la chimie,
la médecine, la robotique.
Il avait toujours dix sur dix en calcul,
vingt sur vingt en dictée. Il savait
réparer les appareils en panne,
monter des cloisons,
repeindre des maisons. Il était parfait.

Mais il était trop gâté, car le roi était si fier de son fils qu'il lui faisait trop de cadeaux. Le prince recevait une automobile neuve toutes les heures, une montre à quartz toutes les demi-heures, un costume de soie toutes les dix minutes et des dragées au chocolat toutes les trois secondes.
Un jour, le prince décida de se marier. Il fit passer une annonce dans le journal où il écrivit :

Quand les princesses du monde
entier lurent cette annonce, elles se
dépêchèrent de répondre. Des
milliers de lettres arrivèrent au château.
Le prince et son père durent
les étudier avec beaucoup de soin.
Ils en jetèrent deux millions
cent trente mille à la poubelle
et n'en gardèrent que trois.

Les princesses choisies furent ensuite convoquées au château pour une demi-finale.

La première s'appelait Carola.
Elle apportait au prince
en guise de cadeau de mariage,
cent trente superbateaux remplis
de pétrole. Elle était
belle, riche, intelligente et parfumée.

Elle était vêtue d'une longue robe
de lune moirée et portait sur la tête
un diadème de pierreries pavoisées.
— Que savez-vous faire dans la vie ?
demanda le prince
avec un beau sourire.
— Mais, je suis princesse !
répondit la princesse.
— Ce n'est pas un métier,
dit le prince.
Il cessa de sourire et se tourna ensuite

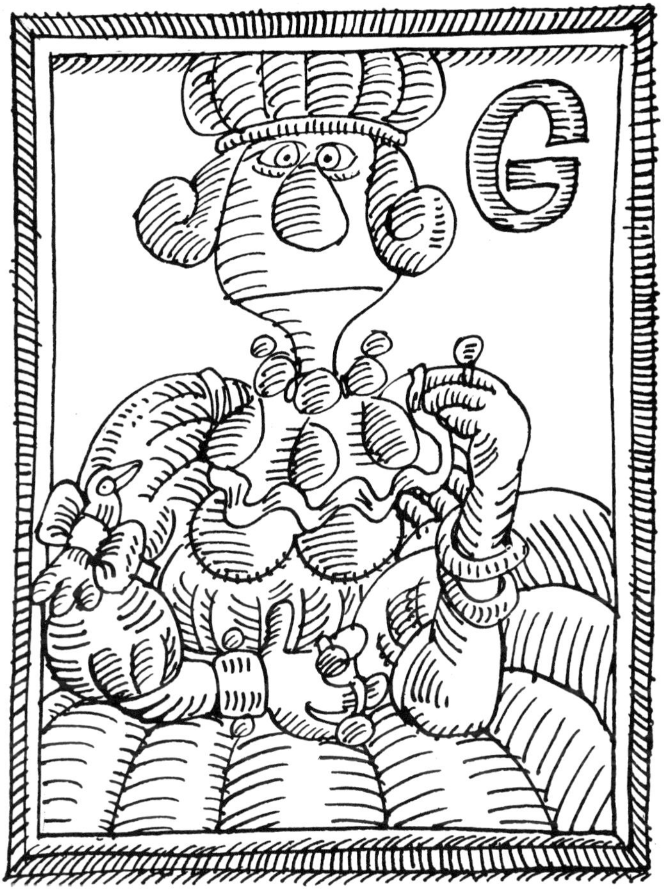

vers la deuxième princesse qui s'appelait Gondola.
Elle était belle, riche,
intelligente et parfumée.

Elle portait une tunique en peau
de bison futé et d'énormes
bijoux en tourmaline braisée.
Elle apportait au prince
un troupeau d'éléphants et un magasin
de porcelaine.

— Que savez-vous faire dans la vie ? demanda le prince.
— Des gâteaux au chocolat, répondit Gondola.
— C'est un tout petit métier, remarqua le prince.
Et il ne sourit plus qu'à moitié.
Il se tourna ensuite vers la troisième princesse qui s'appelait Bricolina.

Elle était belle, intelligente et parfumée, mais elle n'était pas riche du tout.
Elle portait une petite robe en serpillière mercerisée et quelques bijoux en polystyrène.
Le prince était un peu étonné.
— Que savez-vous faire dans la vie ? demanda-t-il.
Bricolina répondit :
— Je sais régler les carburateurs, nettoyer les delcos, courir le cent mètres haies en cinq secondes huit dixièmes, remporter les Coupes

du Monde, piloter des avions, réparer les aspirateurs. J'ai découvert le thermosystème et j'installe des pompes à chaleur. Je compose la musique de mes chansons et j'en écris les paroles. Je taille mes arbres fruitiers, je pose ma moquette et je danse le tango.

Le prince émit un sifflement admiratif.
— Mazette, dit-il, voilà de beaux métiers ! Et que m'avez-vous apporté en cadeau ? Je ne vois rien.
— Je n'ai pas de cadeau, dit Bricolina. Je ne suis pas assez riche.
Alors le prince cessa de sourire et entra dans une grande colère.

— Ah ! mais, c'est que je suis parfait, disait-il, il me faut des cadeaux !
Bricolina haussa les épaules et tourna les talons en disant
que le prince était trop gâté.

— C'est bon, dit le prince, je vais donc épouser Gondola qui sait faire les gâteaux au chocolat.
Il criait bien fort pour que Bricolina l'entende. Mais Bricolina avait déjà quitté le château. Elle se dirigeait de nouveau vers la chaumière qui lui servait de maison.
Elle ruminait sa vengeance contre le prince trop gâté.

Soudain, en traversant un pré, elle aperçut des fleurs de foin et cela lui donna une idée.
Elle cueillit la fleur de foin,
se déguisa en vieille femme et revint au château du prince parfait sans être reconnue. Le lendemain, le mariage du prince devait avoir lieu.
Les préparatifs avaient commencé et le château était dans une agitation

incroyable. Bricolina put traverser tous les couloirs sans que personne ne lui demande quoi que ce soit. Elle arriva dans la chambre du prince où une habilleuse préparait le costume du marié. Sur la table de nuit il y avait le bouquet que le prince devait porter à sa boutonnière.
Vite, Bricolina y plaça la fleur de foin et s'en alla sur la pointe des pieds.
Le lendemain, quand le prince fut habillé et qu'on lui accrocha son

bouquet à la boutonnière, il se mit à éternuer aussitôt.

— Attttchoum !

C'était un éternuement formidable qui ébranla les murs du château.

Le moment de la cérémonie étant arrivé, le prince donna le bras à sa future épouse et se dirigea vers la chapelle avec tous les courtisans.

Mais à peine furent-ils entrés avec leur suite que le prince éternua de nouveau :

— Aaaatchoum !

L'éternuement fit trembler la chapelle et voler les vitraux en éclats.
Le cortège s'avança jusqu'à l'autel où le prêtre commença à dire la messe.
Mais quand il posa au prince la question :
« Voulez-vous prendre la princesse Gondola pour épouse ? », le prince

répondit encore par un éternuement tellement considérable que les murs de la chapelle se fendillèrent.

— ATTTCCCHHOUMMM !

— Ce n'est pas une réponse, dit le prêtre. Recommençons.

— AAAATTTTCCHHHOUMM ! répondit le prince.

Et le sol se craquela sous ses pieds. Terrorisés, les gens de la cour et la princesse elle-même commencèrent à se retirer prudemment.

— Attendez ! cria le prince, je...
Il n'eut pas le temps de finir :
un autre éternuement l'avait saisi.
— ATTTCCCHHHOUMM !

Et alors la chapelle s'effondra,
et le château avec.
Le prince s'échappa de justesse.
Du coup, ce fut la débandade.

Tous s'éloignèrent du prince.
Chacun monta en hâte dans sa puissante automobile et partit en faisant vrombir le moteur.
La princesse Gondola elle-même, saisie de panique, monta sur ses éléphants et remporta son magasin de porcelaine.
Pendant ce temps, le prince continuait à éternuer.
— ATTCCHOUM !
Alors les murs des maisons s'écroulaient, la terre tremblait.
Et les gens fuyaient.

C'est à ce moment-là que Bricolina décida de se présenter :

— Prince Parfait, dit-elle, si je te guéris de tes éternuements, qu'est-ce que tu me donnes ?

— Toute ma fortune, dit le prince.

— Toute ?

— Toute.

— Alors, ferme les yeux.
Prestement, Bricolina ôta la fleur de foin au bouquet de marié que le prince portait à sa boutonnière. Et elle alla la jeter dans la poubelle. Aussitôt, les yeux du prince cessèrent de pleurer. Son nez, qui était rouge comme une tomate, redevint blanc. Et les éternuements s'arrêtèrent.
— Et voilà ! dit Bricolina. Maintenant, donne-moi ta fortune.

B

Le prince fut bien obligé de faire comme il avait dit. Il avait trop peur d'éternuer de nouveau. Il donna donc ses caisses d'or à la belle Bricolina, ses coffres pleins de billets, ses usines de biscuits, ses banques, ses grands magasins et tout ce qu'il possédait. A présent, Bricolina était belle, elle était intelligente et, aussi, elle était riche. Alors le prince déclara qu'il voulait bien l'épouser.

— Tu es devenue parfaite, dit-il, sois ma femme.
— Rien du tout, répondit la princesse. Toi, tu n'es plus parfait puisque tu n'as plus un sou. Je t'épouserai quand tu seras de nouveau riche.
Là-dessus, elle emporta la fortune et alla s'enfermer dans le château.
Le prince fut donc obligé de se mettre à travailler. Comme il était habile et intelligent, il inventa

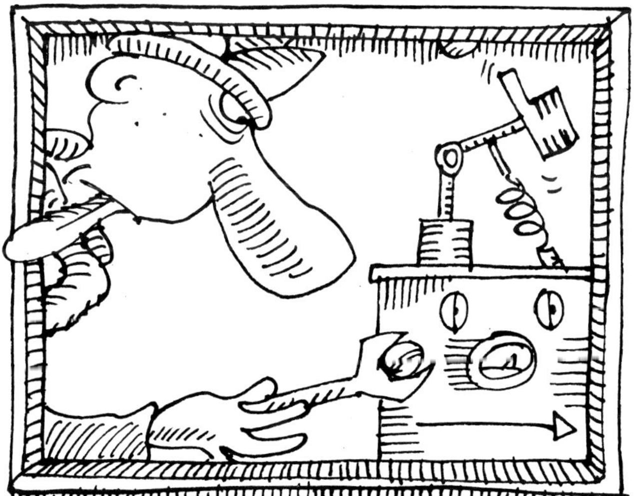

des gadgets qui se vendirent rapidement, donna des concerts qui lui rapportèrent une fortune, gagna des Coupes du Monde en masse et reçut des sommes considérables. En quelques années, il réussit à gagner tout ce qu'il avait perdu, grâce à ses talents. Et finalement, il put épouser la princesse Bricolina. C'est à ce moment-là seulement qu'ils furent heureux et que leur histoire exemplaire devint une légende.

Le trésor de l'ogre

Les ogres font toujours peur.
Grands comme des maisons, ils portent de longues moustaches et des barbes à n'en plus finir qui trempent jusque dans leur soupe. Ils ont aussi de grandes dents qui leur servent à dévorer hommes, femmes et enfants.
Mais surtout enfants.

Généralement, l'ogre se lève tôt pour parcourir la campagne à la recherche de gens. Il les attrape par brassées et

les emporte ensuite dans son
château où il les donne à sa
femme pour qu'elle les lui prépare.

Parfois, l'ogresse est gentille,
et elle laisse les gens s'échapper
par la porte de derrière. A leur place,
elle sert du lapin aux champignons,
et l'ogre n'y voit que du feu.

Mais parfois, l'ogresse n'a pas de lapin, alors elle prépare les gens avec une pointe d'ail.
L'ogre est toujours riche. Il possède un trésor qu'il cache dans sa cave, derrière ses tonneaux de vin. Tous les soirs, il descend contempler ses pièces d'or. Il les fait ruisseler d'une main dans l'autre et il ricane d'un air féroce. Puis il referme le coffre, se sert un petit verre de vin, et il monte se coucher. C'est à ce moment-là qu'il faudrait lui prendre son trésor.
Mais personne n'a encore réussi avec cet ogre-là. Celui dont je vous parle

a toujours une petite faim au milieu de la nuit. Alors, il se lève et descend à la cave se couper une tranche de jambon. Et à ce moment-là il surprend les voleurs qu'il avale sans seulement leur demander leur nom.

Cet ogre-là a tort. Il devrait demander leur nom aux voleurs, car voilà ce qui se passa un jour : l'ogre avala son fils par mégarde. Son fils était venu voler ses pièces, naturellement. L'ogre avait élevé son fils d'une vilaine façon, il faut le dire. Au lieu de l'envoyer à l'école, avec les autres, il avait décidé de faire l'éducation de son enfant lui-même.
Et il lui avait appris à être un ogre.

Tous les jours, il lui faisait
réciter sa leçon
et voici ce que
l'enfant avait appris :

« Les ogres font toujours peur. Grands comme des maisons, ils portent de longues moustaches et des barbes à n'en plus finir qui trempent jusque dans leur soupe. Ils ont aussi de grandes dents qui leur servent à dévorer tout crus hommes, femmes et enfants. Mais surtout enfants. »

Il avait aussi appris :

« L'ogre est toujours riche. Il possède un trésor qu'il cache dans sa cave, etc. jusqu'à : « C'est à ce moment-là qu'il faudrait lui prendre son trésor. »

Certains jours, il récitait plutôt :

« Parfois l'ogresse est gentille », etc. jusqu'à : « avec une pointe d'ail ».

D'autres jours, il récitait :

« Généralement l'ogre se lève tôt pour parcourir la campagne », etc. jusqu'à « pour qu'elle les lui prépare ».

Et à part cela, il ne savait rien.
Rien d'étonnant à ce qu'il ait eu envie
de devenir un ogre au plus tôt,
et, donc, de posséder un trésor.

La femme de l'ogre s'aperçut tout de suite que son mari avait mangé l'enfant. Le ballon de football était resté collé dans sa barbe.
Elle entra dans une grande colère et traita son mari de tous les noms.
— Grand imbécile ! abruti ! cornichon ! s'écria-t-elle, et elle lui donna des coups de pieds au derrière.

Mais, heureusement pour l'ogre, l'année suivante, l'ogresse eut un autre enfant, et elle cessa de lui botter les fesses. Mais dès que l'enfant put tenir sur ses jambes, l'ogre recommença à faire son éducation d'ogre. Et il lui parla à nouveau

des grandes dents, des gens qu'on prépare, de la barbe, de la moustache et du trésor que tout le monde désire voler mais que personne ne peut prendre. Il parla aussi du petit verre de vin, de la tranche de jambon, etc. Si bien que l'enfant descendit à la cave un fameux soir, et l'ogre

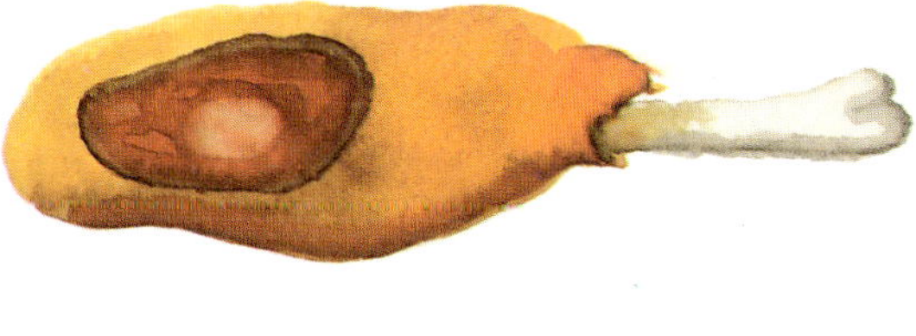

le surprit au moment où il allait
se remplir les poches.
Alors il l'avala, comme d'habitude,
sans même lui demander son nom.

Le lendemain, de nouveau, l'ogresse entra dans une grande colère.

— Grande saucisse, s'écria-t-elle, tête à claques, gros tas !

L’ogre était très confus et fit des excuses. Mais pourtant, la même chose se produisit plusieurs fois. Le troisième, puis le quatrième, puis le cinquième, puis le sixième enfant de l’ogre disparurent dans le ventre de leur père. L’ogresse ne décolérait pas. Aussi, lorsqu’elle eut enfin son septième enfant, elle prit une décision. Elle quitta le château en secret et porta le bébé, emmailloté dans une couverture, dans une chaumière éloignée.

— Toc, toc ! dit-elle. C'est moi, l'ogresse. Je viens mettre mon enfant à l'abri. L'autre gros poussah me les mange tous.

La paysanne s'empressa d'ouvrir. L'ogresse lui avait déjà sauvé deux fois la vie en la laissant sortir par la porte de derrière.

— Vous pouvez compter sur moi, dit la paysanne, je vous l'élèverai comme mon propre fils.

Et c'était vrai. Elle l'éleva comme son fils. C'est-à-dire qu'elle le laissa aller à l'école, jouer avec les autres enfants dans les prés, elle le laissa également tirer les sonnettes, accrocher des poissons d'avril et poser des seaux d'eau sur les portes. Elle le laissa même lancer des boules de papier mâché au plafond. Ce qui fait qu'à l'âge de huit ans, le septième fils savait déjà installer des pique-fesses sur les chaises des gens et faire des croche-pieds à ses camarades. Il était

à peu près comme les autres.
La seule chose qui le rendait
différent, c'est qu'il voulait tout le
temps prendre le trésor de l'ogre.

Il s'était fait raconter cent fois l'histoire du trésor par les gens du pays. Il savait à quel moment l'ogre redescend boire son petit verre de vin, à quel moment il faut se remplir les poches, à quel moment on risque de se faire pincer.

La paysanne fut obligée de l'enfermer la nuit dans sa chambre pour l'empêcher d'aller au château. Mais tout de même, un fameux soir, le septième fils réussit à ouvrir la porte, et, pendant que la paysanne dormait, il se dirigea vers le château.

Il arriva dans la cave précisément au moment où l'ogre refermait son coffre et s'apprêtait à se servir son petit verre.
A ce moment, le septième fils sortit une limace et deux vers de terre de sa poche, et il les plongea dans le verre de vin.
L'ogre avala tout, d'un coup.
Mais la limace et les vers

étaient tellement écœurants, visqueux, collants, qu'il eut aussitôt mal au cœur. Un mal au cœur terrible. Mal comme il n'avait jamais eu. Son ventre faisait des nœuds à l'intérieur.

Et l'ogre commença à recracher son repas, puis le précédent, puis tous les repas qu'il avait pris avant, avant, avant.

Alors on le vit recracher tous les gens qu'il avait mangés depuis des années.

Parmi ces gens se trouvaient les frères du septième fils. Il y avait le premier, le deuxième, le troisième, le quatrième, le cinquième, le sixième. Les frères se reconnurent tout de suite et se jetèrent dans les bras les uns des autres, cependant que les gens s'enfuyaient discrètement par la porte de derrière. L'ogre continua à se rouler par terre longtemps.

Inutile de dire que l'ogresse fut bien contente de retrouver tous ses enfants. Inutile de dire aussi que les enfants de l'ogre étaient dégoûtés à jamais de manger des gens et qu'ils se partagèrent simplement le trésor pour vivre en tout confort. Évidemment, à partir de ce jour, l'ogre ne fut plus l'ogre. Il lui manquait son trésor. Il lui manquait aussi l'appétit. Comme il ne digérait plus grand-chose, il se mit à prendre de tout petits repas, renonça à donner des ordres et laissa ses enfants faire à leur idée. Quant à la femme de l'ogre, elle continua à cuisiner du lapin aux champignons, comme si de rien n'était.

Carabiscornu

Dans un pays secret, caché derrière les montagnes, vivaient de drôles de petits bonhommes pas plus hauts que des souris. Ils étaient bavards comme des pies, malins comme des singes et rapides comme l'éclair.
Ces petits bonshommes étaient des génies. Ils avaient tous de très bonnes idées qui sortaient par un trou de leur tête et qui s'envolaient comme une fumée blanche jusqu'aux maisons des hommes.
Leur métier était d'arranger les choses et de rendre service.

Dès qu'on avait des ennuis, on les appelait. Alors ils faisaient chauffer leur tête, mijotaient une bonne idée fumante, puis ils soufflaient très fort pour que la fumée se répande dans les maisons.
Et tout redevenait facile,
les ennuis disparaissaient.

Les gens appelaient sans arrêt les génies : pour les lunettes qu'on ne retrouve pas, pour les ciseaux qui ont encore disparu, pour les cahiers qu'on a oubliés à la maison, pour les rasoirs qu'on a encore cachés. Le téléphone sonnait toute la journée et ils avaient beaucoup à faire.

Malheureusement, au pays des génies, il y en avait un qui n'avait jamais de bonnes idées. C'était Carabiscornu. Celui-là avait des idées bizarres qui mettaient le monde à l'envers, qui semaient le désordre, qui provoquaient des catastrophes et qui n'intéressaient personne. Des idées qui ne valaient pas un clou.

Pourtant il s'obstinait. Il voulait toujours répondre au téléphone. Dès que la sonnerie retentissait, « broum ! » il bousculait tout le monde pour décrocher l'appareil avant les autres. Il criait :

— Laissez-moi faire ! J'ai une idée !
Alors sa tête se mettait à chauffer, une fumée noire en sortait, elle s'envolait, et dès qu'elle avait atterri chez les hommes, c'était le désastre.
Les voitures se rentraient dedans, les enfants se battaient dans les cours de récréation, les papas mettaient de la moutarde dans les gâteaux et de la colle dans le poulet rôti, les chats se roulaient dans la mayonnaise, les gardiens de square tombaient dans les bassins, les maîtresses d'école étaient bombardées de chewing-gums, les mamans recevaient des seaux d'eau sur la tête en sortant de chez le coiffeur et les chiens se faisaient marcher sur la queue.

C'était ça, l'idée de Carabiscornu. Au pays des génies, tout le monde était consterné. On essayait d'arrêter Carabiscornu comme on le pouvait.

Chaque fois qu'il voulait répondre au téléphone les génies lui faisaient des crocs-en-jambe, ou bien ils déposaient des peaux de banane sur son chemin, ou ils répandaient de la glu sur le sol. Mais Carabiscornu arrivait souvent à déjouer leurs ruses, et il finissait toujours par décrocher le téléphone en criant :

— Laissez-moi faire ! J'ai une idée !

Ce qui fait que les catastrophes continuaient au pays des hommes et que les gens n'étaient pas contents. Si mécontents même, qu'un jour ils finirent par se fâcher tout rouge et ils téléphonèrent au chef des génies pour se plaindre.

— Il faut mettre Carabiscornu en prison, déclarèrent-ils.

— Il faut le ficeler sur sa chaise.

— Il faut lui mettre du sparadrap sur la bouche.

— Et du coton dans les oreilles.

— Et du poil à gratter dans le dos.

— Et des grenouilles dans son lit.

— Et des pétards dans sa culotte.

Le chef des génies écouta toutes ces plaintes avec beaucoup d'attention, et il aurait sans doute fait tout ce qu'on lui demandait si, au même moment, il n'était arrivé quelque chose de terrible, d'affreux, d'abominable.

A ce moment-là, un dragon se présenta en ville en soufflant du feu par ses naseaux et en battant des ailes. C'était un dragon vivant et malpropre, qui ronflait la nuit et ne se lavait pas les pattes. Un dragon avec de grandes dents jaunes et un air sournois.

De ses énormes griffes, il défonça les portes du château et s'introduisit directement dans la salle du trône où il dévora le roi, la reine,
les courtisans et les soldats.
Puis il épousa la princesse et s'installa sur le trône.
Dans le pays, les gens étaient pétrifiés d'horreur et, du coup, ils oublièrent leur colère contre Carabiscornu pour demander du secours aux génies.
— Allô, allô, disaient-ils, débarrassez-nous du dragon, vite !

Alors les génies firent chauffer leurs têtes et mijotèrent de bonnes idées fumantes contre les dragons. Les idées s'envolèrent en tourbillonnant et la fumée blanche se répandit dans le pays. Elle rampa dans les rues, tournicota sur les places, entra dans le château, envahit la salle du trône et s'enroula autour du dragon.
Mais le dragon n'en fut pas incommodé du tout. Au contraire, il avait l'habitude de cracher du feu et la fumée lui plaisait.
C'est à peine s'il toussa un petit coup avant de souffler une de ses grandes flammes qui balaya les idées fumantes en une seconde.

— C’est raté, se désolèrent les génies.
Trouvons d’autres idées,
plus nouvelles, plus fumantes.

Ils firent de gros efforts. Ils essayèrent douze fois, cent fois, mille fois.
Mais rien à faire, le dragon restait bien tranquille sur son trône et il déclarait avec de grands ricanements sinistres que cette fumée était délicieuse et le mettait en appétit.
— Qu'en pensez-vous, ma chère ? demanda-t-il en se tournant vers la princesse.
La princesse jouait sur la lyre un air mou et ennuyeux. Elle ne répondit rien, car elle était triste d'avoir un dragon pour mari.
— C'est bon, dit le dragon, puisque vous boudez, je sors.
Je vais manger une vingtaine de personnes.
Le dragon quitta le château et se mit en quête de personnes joufflues, dodues, rondouillardes et fessues, qu'il dévorerait en trois secondes.

Mais dès qu'il eut tourné les talons, la princesse abandonna sa musique molle et se précipita sur le téléphone.

— Allô, allô, dit-elle, je voudrais parler à Carabiscornu.

— Jamais ! répondirent les génies au téléphone.
Il a de trop mauvaises idées.

— Passez-moi Carabiscornu tout de suite ! insista la princesse. Sinon, je vous dis un gros mot.

Horrifiés, les génies furent obligés de passer la communication à Carabiscornu qui s'écria aussitôt :

— Laissez-moi faire ! J'ai une idée !

Alors on vit sortir de sa tête une fumée noire qui s'éleva en volutes et se répandit au pays des hommes.
En ville, les gens qui prévoyaient déjà quelques catastrophes se dépêchèrent de fermer leurs volets, de débrancher le téléphone, de couper

l'eau et l'électricité. Les souris allèrent se réfugier dans leur trou, les renards dans leur terrier, les boutiques baissèrent leurs rideaux et tout le monde descendit à la cave.

Seul, le dragon, que personne n'avait prévenu, continuait à faire les cent pas en ville et il humait l'air en disant d'un ton satisfait :

— Hum ! Bonne odeur, je sens que je vais encore avoir faim.
Mais il n'eut pas le temps d'en dire plus. A peine l'idée de Carabiscornu se fut-elle répandue dans la ville que les voitures commencèrent à grimper
le long des murs, les oiseaux à aboyer,

les poissons à voler dans les airs.
Les moutons, d'ordinaire si doux, quittèrent leur prairie pour venir mordre les mollets du dragon.
Des directeurs arrivèrent au bureau avec des chaussettes sur la tête, les infirmières se mirent à piquer les fesses des docteurs, les pharmaciens à manger des suppositoires, les enfants à donner des fessées aux parents et les agents de police à faire des bras d'honneur aux usagers.
Le dragon était indigné.
— Ce pays est fou, s'écria-t-il.
C'est scandaleux !
Au même moment, les pots de fleurs tombèrent des fenêtres pour venir s'écraser sur ses doigts de pieds, les plantes grimpantes s'enroulèrent autour de ses pattes et il se cogna contre des réverbères qui traversaient la rue en dehors des passages cloutés.

Enfin, un fauteuil roulant, ayant
grillé un feu rouge, le percuta en plein museau.
— J'avais priorité ! hurla-t-il.
Mais déjà la machine s'éloignait à toute allure. Alors le dragon rentra
au château dans l'espoir de se faire plaindre par la princesse.
Mais la princesse avait repris
son air mou et ennuyeux à la lyre,
et elle ne l'écouta pas.

— C'est bon, dit le dragon, puisque vous boudez encore, je m'en vais.

Sur ce, il claqua la porte, et un seau d'eau lui tomba sur la tête.

L'idée de Carabiscornu avait parfaitement réussi.

Le dragon était tellement furieux qu'il quitta la ville sans même se retourner. On ne le revit plus jamais.
Du coup, le calme revint. Les gens purent sortir de leur cave, les souris de leur trou, les renards de leur terrier.
On rebrancha le téléphone, l'eau et le gaz, et la vie reprit comme avant.
Enfin, presque comme avant.
Car la princesse décida d'épouser Carabiscornu et de l'installer sur le trône.
Ainsi, Carabiscornu devint roi. Et comme c'était la première fois qu'un génie prenait le pouvoir, les gens furent très contents et s'amusèrent beaucoup.

La légende de Ella et Ole

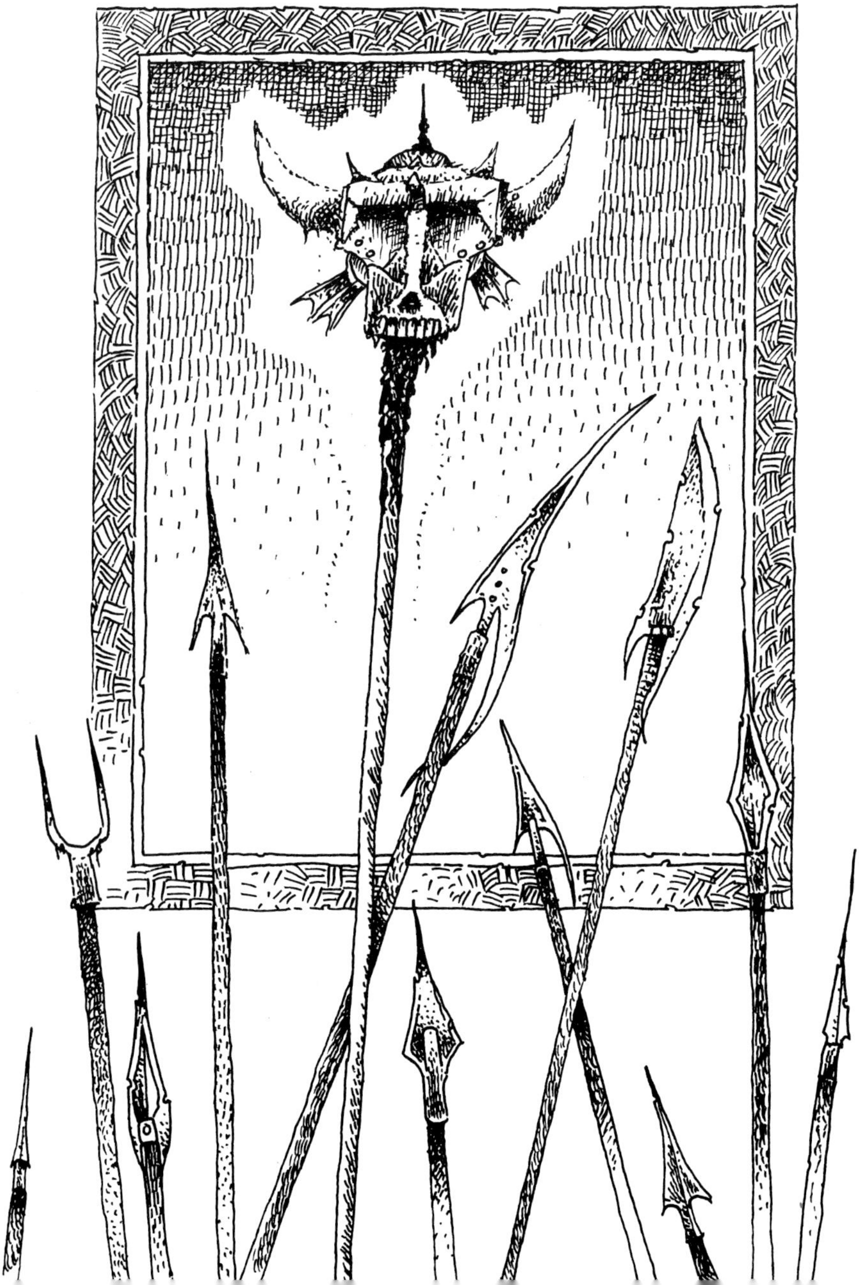

Le sylphe, génie de l'air et de l'eau,
avait pour royaume une immense
forêt dans laquelle coulaient des sources
merveilleuses, habitées
par des nymphes et des sylphides.
Un jour une terrible bataille eut lieu
non loin de cette forêt.
On entendit le cliquetis des armes,
les cris des blessés et les hurlements
des vainqueurs. Les nymphes et
les sylphides s'arrêtèrent de chanter
et coururent se réfugier dans
les sources et dans les arbres.

Quand la bataille eut cessé, on vit un homme se dresser péniblement. C'était le seigneur Hans. Il avait une grande blessure à la tête et à la poitrine, et il tenait difficilement sur ses jambes. Cependant, il arriva à avancer jusqu'à la forêt du sylphe où il s'évanouit près d'une source.
Les nymphes et les sylphides eurent pitié de lui. Elles coururent chez le grand sylphe et lui demandèrent des potions magiques pour soigner le soldat :
— Voici quelques plantes, dit le magicien. Mais soyez prudentes, petites fées, ne vous montrez jamais à lui.
Revenues à la source, les petites fées des bois se bousculèrent autour du blessé pour le soigner. Les unes lui pansaient la tête, les autres le faisaient boire.

Les jours passèrent. Le seigneur Hans reprit connaissance, ses douleurs s'atténuaient, mais il ne comprenait pas pourquoi il restait fixé au sol sans pouvoir se lever.

— Regardez, chuchotaient les petites fées en riant, il veut déjà partir, alors qu'il n'est même pas guéri !

Dès qu'il eut refermé les yeux, elles se précipitèrent pour l'examiner de nouveau. Else restait à l'écart. Elle attendit que les autres soient reparties pour aller à son tour déposer un baiser sur le front du seigneur Hans. Et alors, il se produisit quelque chose d'inattendu : Hans, qui faisait semblant de dormir, ouvrit les yeux, tendit le bras et réussit à attraper Else au moment où elle s'enfuyait.

— Ha ha ! dit-il, j'en tiens une ! Il y a longtemps que j'entends chuchoter. Qui es-tu, toi ? Une fée, un esprit, un génie ?
Tremblante de peur, Else bredouilla.
— Laissez-moi partir, chevalier.
Si le grand sylphe apprend que vous m'avez vue, il sera très en colère. Je suis une nymphe de la source...
— Et quel est ton nom ?
— Else. Je vous en prie, laissez-moi retourner dans les eaux.
Le seigneur Hans répondit qu'il lâcherait Else à une condition :
— Reviens demain, et les autres jours, Else.
— C'est impossible, le grand sylphe ne veut pas.
— Je t'en prie, Else, supplia le chevalier, ne m'abandonne pas.
Else promit de revenir.
A partir de ce moment, le seigneur

Hans ne songea qu'à elle. Il était tombé amoureux au point qu'il ne pouvait plus dormir. Else, de son côté, était devenue rêveuse et participait moins aux chants et aux danses. Elle attendait avec impatience le moment où elle irait déposer un baiser sur le front du seigneur Hans. Les autres nymphes et les sylphes avaient tout deviné.
Mais chacun gardait le secret et personne ne parlait de quoi que ce soit au grand sylphe.

Un matin, les petites fées décidèrent que le seigneur était guéri et elles le laissèrent se lever.

— Else ! Else ! appela alors le jeune homme. Else, je t'en prie, viens avec moi. Je veux t'épouser.

Else hésita. Elle savait que le grand sylphe ne la laisserait pas partir.

Mais les petites nymphes, qui avaient plus d'un tour dans leur sac, proposèrent d'aller réciter des poèmes au magicien des bois

pour détourner son attention pendant que Hans et Else s'enfuieraient.

Comme une nuée d'abeilles, elles se précipitèrent vers le grand sylphe et l'étourdirent un moment de chants et de poèmes.
Hans et Else s'enfuirent.
Malheureusement pour eux, le grand sylphe eut un pressentiment et, au milieu des chants et des danses, il se dressa d'un air menaçant.
— Il manque une nymphe, dit-il. Je sens que quelque chose a été dérobé à ma forêt.
Rapide comme l'éclair, il survola son domaine et aperçut Hans et Else juste au moment où les deux jeunes gens en franchissaient les limites. Comme ils étaient hors d'atteinte, et que le grand sylphe ne pouvait pas sortir de la forêt, il leur lança une malédiction d'une voix tonnante :
— Malheur à toi, seigneur Hans, s'écria-t-il, tu as dérobé un de mes

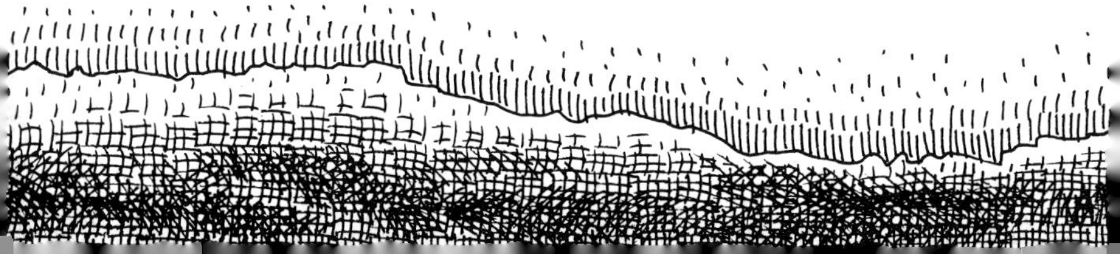

esprits. Tu sera puni, tes enfants se retourneront contre toi.
Mais les deux jeunes gens ne firent pas attention à ces paroles
et ils rejoignirent le château de Hans, où ils se marièrent.

Pendant quelques années, la vie
fut douce au château du seigneur.
Else était de plus en plus belle,
Hans de plus en plus heureux.
Il faisait des projets :
— Nous aurons des enfants, disait-il.
Un garçon, fort et courageux,
qui défendra ma maison et mes terres.
Une fille, douce et belle comme
sa mère.
L'année suivante, en effet, un enfant
naquit. C'était un fils.

— Nous l'appellerons Ole,
déclara Hans. Ce sera un fier et vaillant guerrier.
Et l'année suivante, ce fut une fille, comme il l'avait souhaité.
— Nous l'appellerons Ella, dit encore Hans. Ce sera la fidèle
et tendre épouse du mari que nous lui choisirons.
Else hochait la tête. Elle commençait à se souvenir de la malédiction
du grand sylphe et des menaces qu'il avait fait peser sur leurs enfants.
Mais elle n'en souffla pas un mot
à Hans qui paraissait avoir tout oublié.
Cependant, plus les années passaient
et plus la prédiction du grand sylphe paraissait se réaliser.
Hans avait souhaité un fils
à son image, et son fils Ole
ressemblait en tout point à sa mère.

Comme elle, il était frêle et rêveur, gracieux et méditatif. Comme elle, il composait des chansons et des poèmes. Tandis qu'Ella, au contraire, se révélait à l'image de son père : solide, bien bâtie, elle n'avait pas la douceur que le seigneur Hans désirait. Les travaux d'aiguille l'ennuyaient, les fêtes et les réceptions aussi. Elle se plaisait à chevaucher, à chasser et à observer dans la cour du château les chevaliers qui s'exerçaient au maniement des armes. Avec quel plaisir elle aurait manié l'épée si son père le lui avait permis !
Mais le seigneur Hans, fou de rage, la renvoyait dans sa chambre avec rudesse et la punissait sévèrement lorsqu'il la surprenait à se mêler de chevalerie.
Plus les caractères de ses enfants lui apparaissaient, plus Hans se montrait

dur avec eux, croyant ainsi rectifier ce que la nature avait fait. Il lui arrivait de brutaliser son fils, de l'obliger à le suivre à la chasse, de casser les instruments de musique du jeune garçon ou de l'entraîner à ses combats auxquels Ole répugnait.

Les enfants se mirent à détester leur père et, alors que leur mère se mourait d'un mal inconnu, quelqu'un leur révéla le secret de la nymphe Else et du seigneur Hans. Ella conçut alors un plan audacieux.

— Je comprends tout, maintenant, petit frère, dit-elle à Ole.

Tu appartiens au royaume des esprits.
Tu as été conçu à l'image du
grand sylphe. Comme lui tu médites
et composes des ballades. Comme lui
tu dois habiter ton domaine.
Profitant d'une absence de leur père,
Ella sella un cheval et partit avec
son frère dans la forêt où elle demanda
à voir le grand sylphe.
— Je te laisse mon frère, lui dit-elle,
c'est avec toi qu'il doit rester.
Quant à moi, je vais enfin pouvoir vivre
à mon gré.
Après avoir longuement embrassé son
cher Ole, elle ôta ses vêtements
de jeune fille, prit ceux de son frère,
cacha ses cheveux sous sa coiffure
et remonta à cheval. Les deux enfants
se ressemblaient tant que, ainsi vêtue,
Ella ressemblait tout à fait à son frère.
Même le seigneur Hans s'y trompa
lorsqu'elle revint seule au château.

— Ole, cria-t-il du plus loin qu'il la vit arriver, où est ta sœur ? Elle a disparu du château.

— Hélas, père, répondit Ella en feignant la tristesse. Je viens moi-même de chevaucher longtemps pour la retrouver. Elle a été enlevée par le grand sylphe et les nymphes des sources. Elle est à présent un esprit de la forêt.

Pendant quelques jours, une grande tristesse s'abattit sur le château.
Le seigneur Hans devenait irritable et colérique. La malédiction du grand sylphe lui revenait en mémoire et il eut une idée pour la conjurer.
— Je vais emmener mon fils loin d'ici, se dit-il, il combattra et fera la guerre avec moi. Il sera hors d'atteinte du grand sylphe.
Et il se précipita dans les écuries, là où, d'ordinaire,
Ole passait son temps en compagnie des poètes. Mais il ne le trouva pas.
A sa grande surprise les palefreniers déclarèrent :
— Le jeune seigneur Ole est dans la salle d'armes. Il s'exerce au combat avec maître Blaise.
A la fois surpris et enchanté, Hans alla rejoindre celui qu'il croyait être son fils.

— Ma foi, disait maître Blaise, le jeune seigneur a des dispositions. Voyez, seigneur Hans, comme il est habile !

— C'est bien, déclara Hans, réconforté. Lorsqu'il sera prêt, nous irons attaquer les terres du seigneur Elmer. Je veux agrandir mon domaine.

Pendant plusieurs mois, le seigneur Hans connut le plaisir de chasser, de tournoyer et de combattre avec un fils digne de lui. Son prestige s'en trouvait rehaussé et il avait complètement oublié sa défunte femme Else, et sa fille Ella, disparue.

C'est alors qu'il mit au point un plan d'attaque pour s'approprier les domaines du seigneur Elmer. Il souleva une grande armée dont il mit une partie sous les ordres d'Ella, puis il partit en campagne.
La bataille s'engagea et dura plusieurs mois. Ella combattait vaillamment sous son costume de guerrier.

Malheureusement, les troupes du seigneur Elmer étaient nombreuses et résistèrent à l'assaillant. Il y eut de terribles pertes du côté du seigneur Hans et, un jour, Hans lui-même fut blessé à mort. Il rendit son dernier soupir dans les bras d'Ella avant que la jeune fille ait pu lui révéler la vérité. Au même moment, le seigneur Elmer arrivait en vainqueur et le reste des troupes du seigneur Hans fut décimé et pourchassé. Seule restait Ella, prête à défendre sa vie.
Mais, alors qu'elle levait sa hache sur le seigneur Elmer, un coup de lance lui ôta son heaume. Et ses longs cheveux blonds se dénouèrent et tombèrent en cascade sur ses épaules.
— Par ma foi, s'écria le seigneur Elmer, pétrifié de surprise, voilà un curieux guerrier !
— Je suis la fille du seigneur Hans,

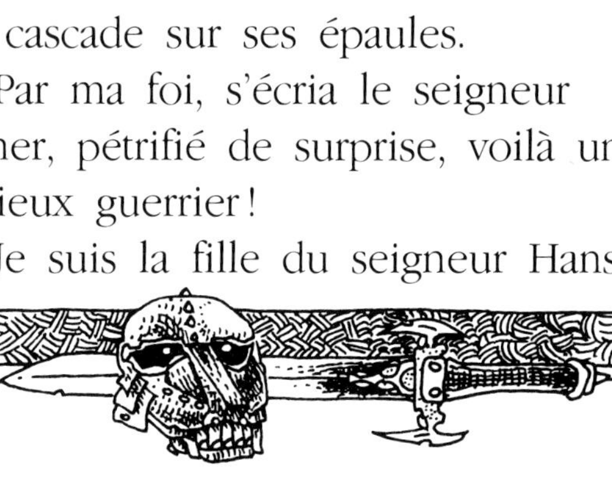

répondit fièrement Ella. Je veux bien te défier en combat singulier, seigneur Elmer.

Troublé par tant de courage, le seigneur Elmer sauta de cheval et vint s'agenouiller aux pieds d'Ella.

— Noble demoiselle, dit-il, j'admire votre vaillance et votre beauté. Et je serais heureux d'avoir pour femme celle qui pourrait m'accompagner au combat.

Ella et Elmer se marièrent peu après, tandis que, dans les bois, Ole épousait une sylphide. Les terres du seigneur Hans passèrent aux mains de son ennemi, le seigneur Elmer, et sa maison s'éteignit.
On dit dans le pays que le grand sylphe avait donné pour fille une walkyrie et pour fils un Esprit à celui qui se croyait assez puissant pour violer les lois de la forêt.
On dit aussi qu'à leur mort les enfants rejoignirent Else au royaume des esprits de l'air, et qu'ils trouvèrent Hans à ses côtés.

Le petit Poucet ne répond plus

BEURRE
OEUFS
PATATES
PATOUFLES
MARGA
LESSIVE
SALADE
PINARD
OS
THERMOS
CACHE
NEZ
POODRE
CANON
CRAYONS
BOOLE
DE
GOMME
PARENTS

La famille Poucet avait sept enfants qu'elle emmenait une fois par semaine au supermarché. Les parents prenaient sept caddies que poussaient les sept garçons, et ils achetaient tout ce qu'il faut pour remplir un coffre d'auto, un réfrigérateur, un congélateur et une poubelle. Cela durait des heures et des heures. Les garçons jouaient à la trottinette avec les caddies. Ils n'en finissaient pas de se chipoter à propos du pot géant de cornichons avec trente-trois pour cent de produit en plus. Ils n'en finissaient pas d'examiner les paquets de yaourts aux fruits entiers avec deux pots gratuits. Ils n'en finissaient pas d'hésiter entre les apéricubes et les pizzaboudins.

On oubliait toujours quelque chose
et il fallait vite vite retourner
le chercher au dernier moment.
Les sept petits Poucet
se bousculaient pour arriver chacun
le premier. Et ils réclamaient
tout le temps quelque chose.
Tout le temps !

L'un voulait les chouitegommes à décalcomanies, l'autre les beubelgommes à vignettes, ou encore des machemoilos, des ménémèmes, du flubogluant, des chocobeurks, des crocoberks. Bref, les parents ne savaient plus où donner de la tête. Naturellement, comme tous les parents, ils commençaient par refuser.

— Non, disaient-ils, pas
de machemoilos, pas de chocobeurks,
pas de crocoglubes !
Mais la fatigue les saisissait avant
d'arriver à la caisse et il était
bien rare qu'ils résistassent jusqu'au bout.
Les sept petits Poucet repartaient
toujours les poches pleines de choses
sucrées et dégoûtantes
qui font mal au ventre et
qui abîment les dents.

Le dentiste, un homme fort sévère,
avait d'ailleurs interdit
que l'on achetât ces sucreries.
Mais les parents n'osaient jamais avouer
ce qui s'était passé au supermarché :
ils avaient honte.
Un jour, les parents Poucet prirent
une grande décision :

— Ces enfants-là sont impossibles. Nous ne pouvons plus faire les courses avec eux. Nous allons les perdre dans les rayons du supermarché et nous serons débarrassés d'eux.

Les parents avaient un plan :
pendant que les enfants réclameraient
leurs sucreries,
ils en profiteraient pour partir
avec juste un bifteck
et des épinards, qui sont bons
pour la santé.
Occupés à se battre avec leurs
beubelgommes et leurs chouitegommes,
les petits ne s'apercevraient de rien.
Malheureusement pour les parents,
le plus jeune des Poucet,
qui était aussi le plus malin,
ne dormait pas, et il entendit tout.
Le lendemain, il s'empressa
de prévenir ses frères.
Et le samedi suivant, lorsque la famille
arriva au supermarché,
les sept garçons murmurèrent
entre eux :
— Attention, aujourd'hui, personne
ne réclame.

Les parents furent un peu surpris. Les garçons traversaient les rayons sans s'arrêter. Ils passèrent ainsi devant les chocolats au riz soufflé nappé de caramel mou fourré aux noisettes avec trente pour cent de moelleux en plus.

Ils passèrent devant les petites autos
qui font « pouic - pouic »
en distribuant des pastilles de menthe,
ils passèrent devant les confitures
de noisettes et les compotes à la noix
de coco.

Et ils ne demandèrent rien.
Mais alors, rien du tout !
— Vous ne voyez pas quelque chose qui vous ferait plaisir ? demandèrent sournoisement les parents.
— Non, non, répondirent les petits Poucet.
Les parents insistèrent :
— Pas même une petite pâte de menthe enrobée de réglisse et légèrement sapidifiée avec un agent gélifiant ?
— Non, non, répondirent les enfants.
Et ils se dirigèrent droit sur le rayon bifteck et épinards où tout est bon pour la santé.
Là-dessus ils se présentèrent à la caisse en déclarant qu'ils avaient fini leurs provisions.
C'est à ce moment-là que les parents Poucet se souvinrent qu'il leur manquait des choses.

— J'ai oublié la lessive avec adoucissant superblanc, dit la mère.
— Et aussi du café pur arabica avec filtre noir du Brésil, ajouta le père.
— Je voulais également remplacer ma super poêle à frire avec double fond bétonné pour œufs de plomb.
— Il nous manque encore un humidificateur à pédale.
— Et peut-être un shampooing haut et bas pour lavages fréquents.
— Et du douceur soyeux pour les W-C.

Alors les parents commencèrent à
s'agiter. Pendant que les sept Poucet
attendaient sagement à la caisse,
on les vit courir dans tous les sens,
se chipoter dans les rayons,
hésiter sur les trente pour cent de
produit en plus ou sur l'agent gélifiant.
Ils revenaient les bras chargés des choses
les plus diverses et les
sept enfants ne disaient pas un mot.
Ils les laissaient
remplir les chariots en silence.

C'est alors qu'un gros homme en blouse blanche s'approcha des garçons et déclara d'une voix d'ogre :

— Il me semble que vos parents réclament. Je me trompe ?
— En effet, répondirent les Poucet, ils réclament.
— C'est souvent ce qui se passe lorsqu'on emmène les parents au supermarché, remarqua l'ogre en blouse blanche. C'est fatigant, n'est-ce pas ?

— Très..., soupirèrent les petits Poucet. D'ailleurs, nous allons partir.
— Vous ferez bien, approuva l'homme, je m'occupe d'eux.
Les sept enfants passèrent la porte de sortie au moment où un haut-parleur annonçait :

— Le papa et la maman Poucet attendent leurs enfants au poste d'accueil numéro 6.

Les parents s'étaient finalement perdus, et l'ogre en blouse blanche les accueillit dans la caverne où il entassait tous les enfants qui réclament et, aussi, les parents qui se perdent. Il y avait là une foule de gens qu'il se disposait à manger à la sauce blanche.

Les parents Poucet tremblaient de tous leurs membres.

— Il faudrait prévenir les enfants, disaient-ils.

— Les enfants sont prévenus, répondit l'ogre de sa voix terrible. Asseyez-vous dans un coin et taisez-vous.

Pendant ce temps-là, à la maison,
les sept garçons avaient fait cuire du bifteck et des épinards
qui sont bons pour la santé.
Et ils commencèrent à s'ennuyer.
C'est alors que le dentiste, un homme sévère, fit son apparition :

— Il y a longtemps, dit-il,
que je n'ai pas regardé vos dents.
Ouvrez la bouche tous les sept.
Les enfants ouvrirent bien grand et
le dentiste put constater sept
caries désastreuses qu'il fallait soigner
tout de suite.

— C'est encore une histoire
de gloupoufs et de machemoilos !
tonna le dentiste.
Où sont les parents ?
Je vais leur passer un savon
pour leur apprendre !

Les petits Poucet protestèrent
en montrant les épinards et le bifteck
qui sont bons pour la santé.
Mais le dentiste ne voulut rien
entendre. Il flairait
une vieille affaire de machemoilo.

— Où sont vos parents ? demanda-t-il. Je vais leur passer un savon !
La tête basse, les petits Poucet durent avouer qu'ils avaient abandonné père et mère au supermarché.

— Ciel ! s'écria le dentiste. Mais l'ogre en blouse blanche va les dévorer !

Vite ! A moi ma super-roulette.
Il enfourcha son appareil et invita tous les enfants à s'installer derrière lui. Puis il se lança à toute allure dans les airs et il atterrit dans la caverne de l'ogre au moment même où le magasin allait fermer.

L'ogre s'apprêtait d'ailleurs à protester. Mais lorsqu'il ouvrit la bouche, le dentiste repéra deux caries importantes. Sans lui laisser le temps de faire un geste,

il commença à creuser les dents de l'homme avec sa fraise. Pendant ce temps, bien sûr, les enfants et les parents prisonniers purent s'échapper.

Et toutes les familles se retrouvèrent au complet le soir-même, à la maison, fort heureuses. Bien sûr, il serait facile de prétendre qu'à partir de ce jour plus aucun enfant ne réclama de beubelgommes ni de machemoilos. Que les parents eux-mêmes décidèrent d'être raisonnables et de ne plus acheter tout ce qui leur passe par la tête. Mais ce serait complètement faux. Depuis ce jour, tout continue comme avant.

Le prince Pot-au-feu

Il y avait un prince qui adorait faire la cuisine. Mais il ratait tous ses plats. Chaque jour le cuisinier essayait de lui apprendre des recettes. Chaque jour, il recommençait les soufflés, les tartes et les petits pâtés. Chaque jour, tout était raté. Le cuisinier s'arrachait les cheveux et les courtisans détestaient le prince.

Les serviteurs devaient porter
sur la table du roi des omelettes
dures comme du bois,
des crèmes qui collaient aux dents,
des rôtis comme du chewing-gum.
Les courtisans avaient l'obligation
de trouver tout très bon.
Le roi lui-même ne voulait pas faire
de peine à son fils.

Alors il disait :
— C'est parfait.
Puis il allait s'acheter un hamburger en cachette.

Le prince était beau, gentil, intelligent.
Beaucoup de princesses
l'auraient épousé. Mais chaque fois qu'il
les invitait au château pour demander
leur main, on leur servait
des plats dégoûtants en disant :
— C'est la cuisine du prince.
Alors elles répondaient :

— C'est parfait.
Puis elles allaient s'acheter un hamburger en cachette. Et on ne les revoyait plus jamais.
Le prince s'en rendait compte. Il était vraiment désolé. Il essayait même de faire des hamburgers. Mais le résultat était encore plus désastreux.

Un jour, une vieille femme se présenta au château pour demander la charité. C'était une affreuse bonne femme, laide à faire peur, avec une tête de ouistiti. Les serviteurs la repoussèrent rudement. Mais le prince revenait de sa promenade. Il arriva au moment où l'on chassait la vieille femme à grands coups de balai. Elle pleurnichait :

— J'ai faim. Donnez-moi quelque chose. Je mangerais n'importe quoi.

— N'importe quoi, vraiment ? s'étonna le prince.

— Vraiment, affirma la vieille.
— Alors, j'ai ce qu'il vous faut, dit le prince.
Et en effet, il lui donna n'importe quoi. Il l'installa à la cuisine et lui présenta tous les plats que les courtisans avaient à peine entamés : le poulet carbonisé, l'omelette dure comme du bois, les crèmes qui collent aux dents, les rôtis comme du chewing-gum, les soufflés aplatis, les gâteaux dégoulinants.

La vieille femme sortit une serviette de sa poche et l'étala devant elle en marmonnant quelques mots.
Puis elle entama les plats qu'elle termina sans en laisser une miette.
— C'est très très bon, dit-elle.

Le prince se méfiait. Il se demandait si elle n'allait pas courir s'acheter un hamburger en cachette. Mais pas du tout. Au contraire. La vieille femme demanda s'il restait encore quelque chose dans le réfrigérateur.

Fou de joie, le prince courut chercher un vieux reste de salade ramollie, un bout de génoise racornie, une charlotte effondrée et un baba qui ressemblait à de la pâtée pour cochons. De nouveau, la vieille femme étala sa serviette et marmonna quelques mots.
Puis, elle avala tous les plats.

Pendant ce temps, les courtisans tenaient conseil en cachette du roi. Ils disaient :

— Débarrassons-nous du prince en vitesse. Sa cuisine est épouvantable.

Ils disaient aussi :

— Débarrassons-nous du prince et nous pourrons prendre sa place sur le trône.

— Moi, je prendrai sa place, déclara le premier courtisan.
— Non, moi, protesta le deuxième.
— Non, moi, ajouta le troisième.
— Nous prendrons sa place tous en même temps, affirma le plus rusé d'entre eux.
Le plus rusé était aussi celui qui savait faire la cuisine. Il s'appelait Salmigondis. Il présenta au roi un projet de menus pour la semaine et proposa de les réaliser à la place du prince.

Le roi hésitait. Il aurait sans doute accepté mais, à ce moment-là, le prince parut. Il portait sous le bras la serviette de la vieille femme. Il examina les menus de Salmigondis avec soin et déclara à son père.

— Père, je me charge de réaliser ces recettes. Et toutes seront délicieuses.

Là-dessus il tourna les talons
et alla s'enfermer dans la cuisine.
Le cuisinier lui-même
fut obligé de rester dehors.

Une fois seul, le prince étala
la serviette de la vieille femme et dit :
— Fais ton devoir de serviette.

Pour les entrées froides : fais
ton devoir de serviette. Pour les entrées
chaudes : fais ton devoir de serviette.
Pour les potages et les poissons,
pour les viandes et les civets,
pour les sorbets et les parfaits,
pour les desserts et les fromages frais,
pour les liqueurs et les pousse-café :
fais ton devoir de serviette.

En un clin d'œil, la table de cuisine se recouvrit de plats magnifiques, tous meilleurs les uns que les autres.
Les serviteurs n'en croyaient pas leurs yeux. Lorsqu'ils apportèrent le repas sur la table, le roi se régala et les courtisans firent grise mine.

— Mon fils, déclara le roi, ta cuisine est délicieuse. Tu vas pouvoir épouser une princesse et prendre ma place sur le trône.
Mais les courtisans étaient furieux.
Ils se doutaient qu'il y avait un mystère là-dessous et ils cherchèrent à découvrir le secret du prince.

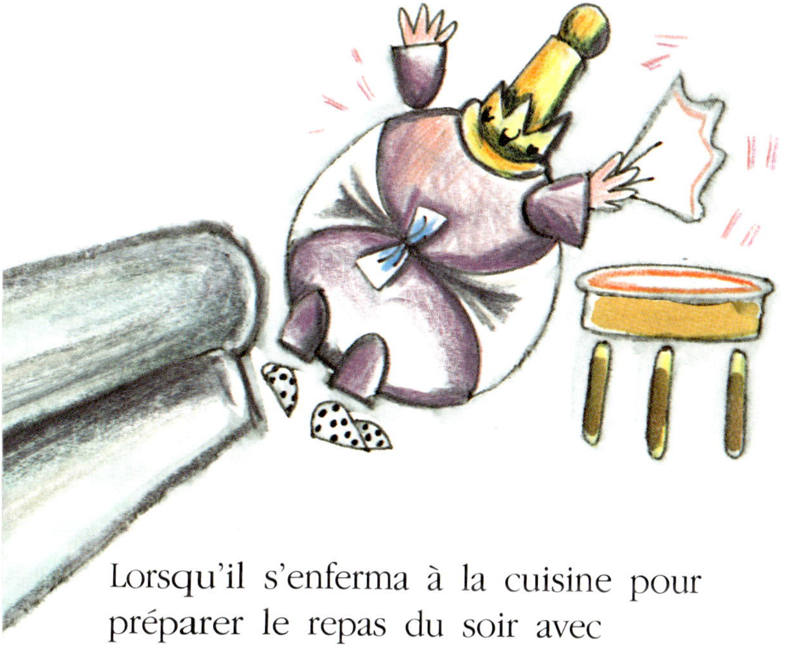

Lorsqu'il s'enferma à la cuisine pour préparer le repas du soir avec la serviette magique, ils collèrent leur oreille à la porte. Ils collèrent aussi un œil au trou de la serrure. Ils le virent étaler la serviette et déclarer : « Fais ton devoir de serviette ». Ils virent les plats surgir sur la table et ils se promirent de lui jouer un tour.

Leurs cris parvinrent aux oreilles du prince.
Alors il se présenta devant Salmigondis et déclara :
— Si tu me rends ma serviette magique, je dirai au bâton de cesser.
Si tu refuses, il te frappera jour et nuit, toute ta vie.

Bien sûr, Salmigondis s'empressa
de rendre la serviette,
et le prince fit cesser les coups
en criant : « Assez ! »
Le bâton tomba à terre.
Le prince le ramassa tandis que
Salmigondis et les courtisans
sortaient de la cuisine en courant.
Alors le prince étala de nouveau
sa serviette. Et il se mit à composer
un délicieux repas en disant :
— Fais ton devoir de serviette.
Au moment où les serviteurs
apportaient sur la table les plats les plus
délicieux, la très vieille femme
se présenta à la porte du château
et demanda à entrer :
— Je viens épouser le prince, dit-elle
en montrant ses affreuses dents.
— Vous n'y pensez pas ! s'écrièrent
les serviteurs. Gardes,
jetez cette guenon dehors.

Mais le prince arrêta les gardes.
— Je suis tout à fait d'accord pour épouser cette femme, dit-il. Entrez, vieille guenon, et prenez place à mes côtés.
La vieille avança avec son vilain sourire et s'installa à côté du prince. Alors, devant les yeux du roi médusé, on vit l'affreuse créature se transformer en merveilleuse princesse.

Ses vilaines dents se changèrent
en perles, ses cheveux embrouillés
devinrent des boucles blondes.
C'était la jeune fille la plus jolie
qu'on eût jamais vue.
Elle épousa le prince. Ensemble
ils prirent place sur le trône.
Les courtisans quittèrent le château.
Et personne ne sut jamais
comment le prince avait appris à faire
sa délicieuse cuisine.

Cependant, le roi avait pris
la mauvaise habitude d'aller acheter
des hamburgers en cachette.
Et malgré les délicieux repas du château,
il continua comme si de rien n'était.
La princesse et le prince firent
semblant de ne pas s'en apercevoir.

DANS LA MÊME COLLECTION

Dès 6 ans

CONTES DES 4 GRANDS VENTS
Naha Caputo - Daniel Maja

CONTES DU PETIT PRINCE PAIN D'ÉPICE
Sarah Cone Bryant - Charles Barat

A partir de 3 ans

RIQUIQUI GRAIN DE RIZ
ET AUTRES HISTOIRES MINUSCULES
Roselyne Morel - Jacques Lerouge

HISTOIRE DE L'OURS BRUN
QUI N'ARRIVAIT PAS A DORMIR
Gilles Laurendon - Napo

HISTOIRES DE SOURIS ET DE POULES
Sarah Cone Bryant - Jean-Claude Luton

N° d'éditeur A 46759
Dépôt légal avril 1990
Loi 49.956 du 16 juillet 1949 sur les
publications destinées à la jeunesse
Impression et reliure Partenaires
ISBN 2.09.276765-8